D1798313

© Verlag Herder GmbH, Freiburg im Breisgau 2017
Alle Rechte vorbehalten
www.herder.de

Gesamtgestaltung: Uwe Stohrer Werbung, Freiburg
Herstellung: Graspo, Zlin
Gedruckt auf umweltfreundlichem, chlorfrei gebleichtem Papier
Printed in the Czech Republic

ISBN 978-3-451-71399-6

DIE WEIHNACHTS-GESCHICHTE

Erzählt von Anselm Grün

Mit Bildern von Giuliano Ferri

HERDER

FREIBURG · BASEL · WIEN

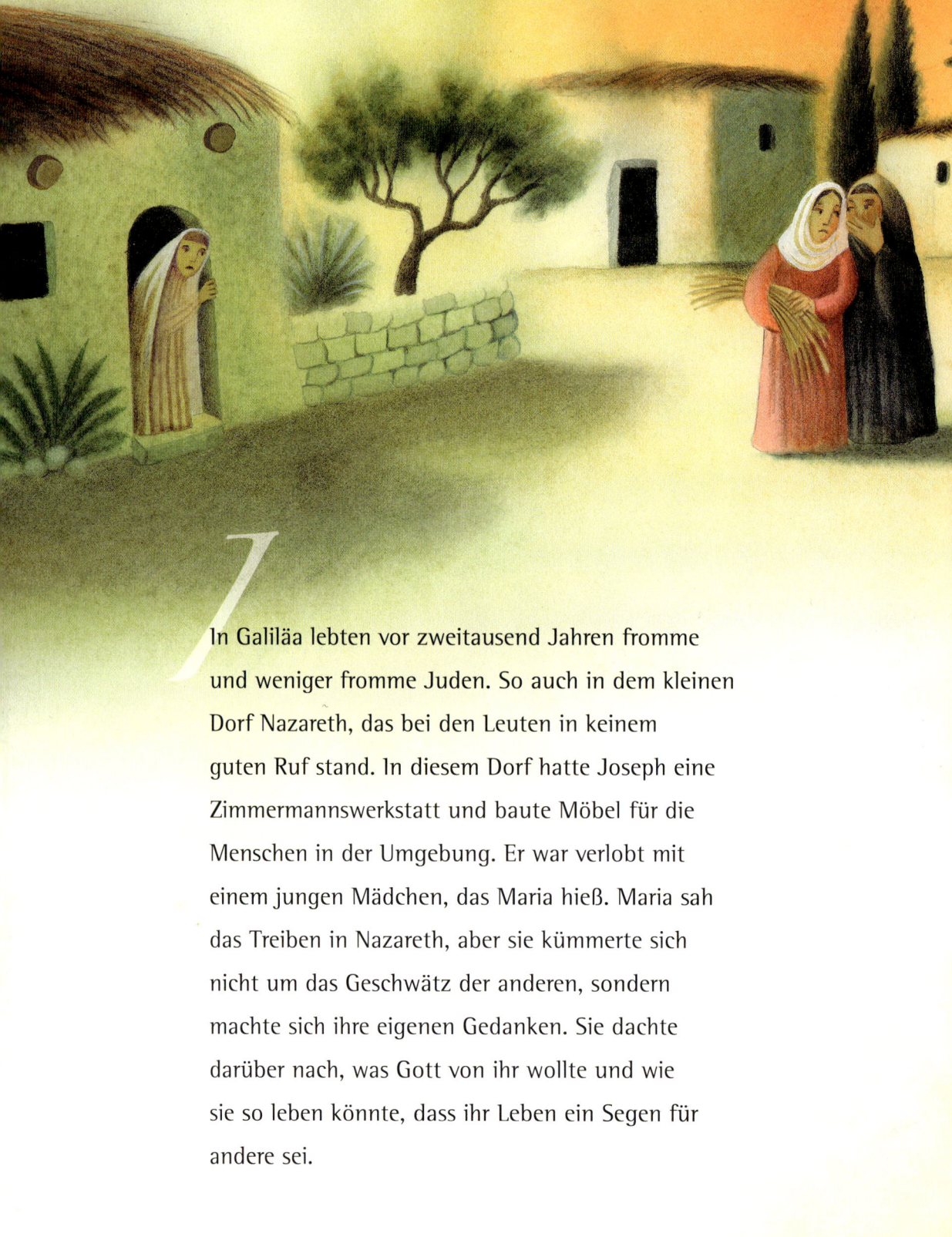

*I*n Galiläa lebten vor zweitausend Jahren fromme
und weniger fromme Juden. So auch in dem kleinen
Dorf Nazareth, das bei den Leuten in keinem
guten Ruf stand. In diesem Dorf hatte Joseph eine
Zimmermannswerkstatt und baute Möbel für die
Menschen in der Umgebung. Er war verlobt mit
einem jungen Mädchen, das Maria hieß. Maria sah
das Treiben in Nazareth, aber sie kümmerte sich
nicht um das Geschwätz der anderen, sondern
machte sich ihre eigenen Gedanken. Sie dachte
darüber nach, was Gott von ihr wollte und wie
sie so leben könnte, dass ihr Leben ein Segen für
andere sei.

Eines Tages geschah etwas, das Maria zutiefst erschrecken ließ. In ihrem Zimmer wurde es sehr hell, und vor ihr erschien ein Engel – still und doch voller Glanz. Maria fürchtete sich, doch der Engel sprach zu ihr: „Hab keine Angst, ich habe eine gute Nachricht. Du wirst einen Sohn zur Welt bringen, der über das ganze Volk Israel herrschen wird. Die Leute werden ihn Sohn Gottes nennen."

Maria erschrak und fragte: „Wie soll das geschehen? Ich bin doch noch gar nicht verheiratet."

Doch der Engel lächelte und sprach: „Für Gott ist
nichts unmöglich. Er selbst wird dafür sorgen, dass
es geschehen wird."
Maria glaubte dem Engel. Tief bewegt antwortete
sie: „Ich bin bereit. Alles soll geschehen, wie du
es gesagt hast."

Der Engel hatte Maria erzählt, dass ihre Cousine Elisabeth auch ein Kind bekommen würde, obwohl sie schon sehr alt war. Maria machte sich auf den Weg, um sie zu besuchen. Drei Tage lang wanderte das mutige Mädchen ganz allein über das Gebirge. Als Maria und Elisabeth sich zur Begrüßung umarmten und ihre Bäuche aneinanderdrückten, geschah etwas Wunderbares: Das Kind in Elisabeths Bauch hüpfte hoch. Voller Freude rief Elisabeth: „Du bist gesegnet, Maria! Gott hat dir ein ganz besonderes Kind geschenkt."

Maria freute sich so sehr über die Worte ihrer älteren Cousine, dass sie anfing, ein Loblied für Gott zu singen. Sie sagte: „Die Menschen werden mich glücklich preisen, weil Gott so Großes an mir getan hat."

Damals herrschte im ganzen Römischen Reich der große Kaiser Augustus. In viele Länder hatte er seine Soldaten geschickt. Eines Tages beschloss er, alle Menschen dort zu zählen, um zu wissen, wie viele Steuern er von ihnen bekommen würde. So kam eines Tages ein Bote in das verträumte Dorf Nazareth und verkündete mit lauter Stimme: „Jeder soll in die Stadt gehen, in der er geboren wurde, und sich dort in eine Liste eintragen." Die Bewohner von Nazareth murrten, denn viele von ihnen mussten sich nun auf eine lange Reise machen. Aber der Bote sprach: „Wer diesen Befehl nicht befolgt, wird hart bestraft!"

Also ging Joseph zu Maria und sagte: „Maria, wir müssen nach Bethlehem ziehen, in die Stadt, in der ich geboren wurde. Das hat der Kaiser befohlen. Packe das Nötigste zusammen, morgen früh schon geht die Reise los."

Am nächsten Morgen nahm Joseph seinen Esel und setzte Maria darauf. Er selbst ging voraus. Sie wanderten durch Galiläa, durch einsame Gegenden und über hohe Berge.

Unterwegs sahen sie viele andere, die sich auch auf den Weg zu ihrem Geburtsort gemacht hatten, um sich in die Steuerlisten einzutragen. Als sie nach vielen Tagen endlich in Bethlehem ankamen, waren Maria und Joseph müde und ausgezehrt von der langen Wanderung, und Maria spürte, dass ihr Kind bald zur Welt kommen würde.

*I*n Bethlehem suchte Joseph nach einer Herberge. Doch wo er auch klopfte, wiesen die Wirte ihn ab. In der ganzen Stadt war kein Platz mehr für die beiden. Als sie schließlich entmutigt weiterziehen wollten, öffnete ihnen ein Mann die Tür. Er hatte gehört, dass das junge Paar keinen Platz mehr finden konnte, obwohl doch die Frau bald ihr Kind bekommen würde. Er hatte Mitleid und sagte: „Auch in meinem Haus ist kein Zimmer mehr frei, aber ich habe noch einen Stall. Da könnt ihr übernachten und müsst zumindest nicht frieren."

Maria und Joseph legten sich in das warme Stroh, und Maria brachte ihr Kind zur Welt. Sie gaben ihm den Namen Jesus, so wie es der Engel gesagt hatte. Maria wickelte Jesus in Windeln und legte ihn in die Futterkrippe, aus der sonst Ochs und Esel ihr Futter fraßen. Ochs und Esel staunten nicht wenig, als da ein kleines Kind in ihrer Krippe lag. Sie bliesen ihm ihren warmen Atem zu, um es zu wärmen.

In derselben Nacht wachten vor der Stadt auf den Feldern Hirten bei ihren Schafherden. Alles war ruhig und friedlich. Doch plötzlich wurde es ganz hell um die Hirten. Vom Himmel her schien ein Licht auf sie nieder, und in diesem Licht erblickten sie einen Engel.

Die Hirten, die sonst keine Angst in der Nacht hatten, begannen sich zu fürchten. Was sollte das alles bedeuten?

Doch der Engel sprach zu ihnen: „Fürchtet euch nicht! Ich verkünde euch eine große Freude. Denn heute ist euch in Bethlehem der Heiland geboren, der Retter der Welt."

Die Hirten verstanden nicht, was der Engel meinte. Doch während sie noch auf den Engel starrten, erschienen viele andere Engel und fingen an zu singen. Sie sangen vom Frieden, der sich auf der ganzen Erde ausbreiten würde. Die Hirten hörten zu und staunten über das, was sie sahen und hörten. Da wich alle Angst von ihnen, und sie freuten sich über die Engel, die so schön sangen.

Als der Gesang der Engel verstummt war und sie wieder in den Himmel gezogen waren, kam Bewegung in die Hirten. Einer sagte zum anderen: „Kommt, wir gehen nach Bethlehem. Wir wollen sehen, was der Engel uns verkündet hat."

So machten sie sich auf in die Stadt. Die jüngeren liefen voraus, die älteren Hirten gingen bedächtig hinterher. Sie wussten nicht, wo sie in Bethlehem suchen sollten, doch dann sahen sie ein helles Licht, das aus einem Stall strahlte. Und als sie den Stall betraten, fanden sie das Kind in der Krippe, und ein sanftes Licht leuchtete um den kleinen Jungen. Da hielt es sie nicht mehr auf den Beinen. Sie fielen auf die Knie und beteten zu diesem Kind, von dem der Engel ihnen so Großes verkündet hatte. Auf einmal wurde es ganz still im Stall, und die derben Hirten bekamen ganz zärtliche Gesichter. Ja, dem einen rannen sogar ein paar Tränen aus den Augen, so bewegt war er.

Zur gleichen Zeit beobachteten Sterndeuter im fernen Babylon mit ihren Fernrohren den Himmel. Sie wunderten sich über einen hellen Stern, der am Tag zuvor noch nicht am Himmel zu sehen gewesen war. Plötzlich leuchtete dieser Stern auf und begann, über den Himmel zu wandern. Schnell liefen die Sterndeuter zu ihren Schriftrollen und forschten, was dies zu bedeuten hatte. Schließlich blickten sie sich an und nickten.

„In Judäa ist ein neuer König geboren.
Lasst uns gehen und sehen, was geschehen
ist. Der Stern wird uns den Weg weisen."
Und so machten sie sich auf die weite Reise. Sie wanderten
durch Wüsten und über Berge, durch Städte und Dörfer
und scheuten keine Hindernisse. Jede Nacht leuchtete
der Stern von Neuem auf und zeigte ihnen, wohin sie
wandern sollten.

Als die Sterndeuter endlich nach Judäa kamen, ritten sie in die Hauptstadt Jerusalem. Denn wo sonst sollte der neugeborene König zu finden sein als im Palast des Königs Herodes? Doch als Herodes hörte, wen die Sterndeuter suchten, bekam er furchtbare Angst. Er war doch der König, aber in seinem Palast gab es kein kleines Kind. „Dieses neugeborene Kind", dachte er, „will mir meinen Thron wegnehmen."

Da ließ er alle Gelehrten des Landes zusammenkommen, damit sie ihm sagten, wo das Königskind geboren wurde. Sie lasen in ihren alten Schriftrollen, berieten sich untereinander und waren sich schließlich einig.

„Der neue König", sagten sie, „ist in Bethlehem zur Welt gekommen. So sagen es die alten Schriften voraus."

Da machten sich die Sterndeuter auf den Weg nach Bethlehem.
Wieder erschien der helle Stern am Himmel und zeigte ihnen den
Weg zum Stall. Als sie Maria und Joseph mit dem Kind fanden,
erfüllte eine große Freude ihr Herz. Sie fielen neben den Hirten
auf ihre Knie und fingen an zu beten. Dann überreichten sie ihre
Geschenke: Gold, weil sie wussten, dass das Kind ein König sein
würde. Myrrhe, die alle Wunden und Krankheiten heilen sollte.
Und Weihrauch, der zum Himmel aufsteigen und allen Menschen
verkünden sollte, dass hier in diesem Kind Himmel und Erde sich
berührten. Und so vereinten sich die Sterndeuter, die Hirten und
die Tiere, um gemeinsam dieses göttliche Kind anzubeten, das alle
erleuchtete, die sich ihm näherten.

Herodes hatte den Sterndeutern befohlen, ihm zu sagen, wo
sie das Kind gefunden hätten, denn er hatte einen furchtbaren
Plan. Er wollte das Kind töten, denn niemand sollte ihm seinen
Thron wegnehmen. Doch die Sterndeuter zogen auf einem
anderen Weg nach Hause zurück. Ein Engel war ihnen im Traum
erschienen und hatte ihnen gesagt, was Herodes vorhatte. Als
Herodes davon erfuhr, wurde er sehr wütend. Er gab den Befehl,
alle Kinder unter zwei Jahren zu töten. Doch noch bevor seine
Soldaten nach Bethlehem kamen, erschien auch Joseph ein
Engel im Traum und sprach: „Nimm Maria und euer Kind und
gehe ins ferne Ägypten, denn Herodes wird das Kind suchen,
um es zu töten. Ich werde euch auf eurem Weg begleiten und
beschützen."
Joseph tat, was der Engel ihm gesagt hatte. Und sie blieben
so lange in Ägypten, bis der Engel wieder erschien und Joseph
sagte, dass König Herodes gestorben war. Dann kehrten Maria,
Joseph und das Kind zurück nach Nazareth.
Und so konnte Jesus heranwachsen und zum Retter der Welt
werden – zum Segen für uns alle, auch heute noch.